Vorwort

Die süßen Geschenke mit Stiel gehen in die zweite Runde: Nach dem tollen Start der Cake Pops mit köstlichen Modellen durchs ganze Jahr begrüßen wir Sie erneut mit kleinen Naschereien aus unserer Küche. Sie brauchen für die weihnachtlichen Mini-Leckereien nicht mehr als Rührkuchenteig, ein schnelles Frosting und viel Schokolade – und schon kann es losgehen!

Bunte Adventskalender-Pops, niedliche Himmels-boten, zauberhafte Sternchen, klassische Ilexpops – diese kleinen Kuchen versüßen allen die Wartezeit bis Weihnachten und gehören auf jeden Gebäck-teller. Aber auch zum Verschenken oder als kleines Mitbringsel sind die weihnachtlichen Cake Pops bestens geeignet.

Wir wünschen Ihnen und Ihren Lieben erneut viel Spaß beim Backen, Dekorieren und Vernaschen!

Heike Roland   Stefanie Thomas

Süsser Advent

EIN HAPPS FÜR JEDEN TAG

Material

-  Cake-Pop-Grundmasse
- Candy Melts in Weiß, Rot und Grün
- Zucker-Konfetti in Rot und Grün
- Zucker-Tannenbäumchen in Hellgrün
- Zucker-Schrift in Weiß und Rot
- Stiele
- Schaschlikspieß oder Zahnstocher

So geht's

1 Formen Sie aus einer kleinen Menge Cake-Pop-Grundmasse eine Kugel. Verfahren Sie mit der restlichen Grundmasse genauso. Die Kugeln für ca. 15 Min. in das Gefriergerät geben.

2 Schmelzen Sie währenddessen die Candy Melts.

3 Nun die Kugeln aus dem Gefriergerät entnehmen, auf die Stiele stecken und in die flüssige Schokolade tauchen.

Die Schokolade vor dem Verzieren fest werden lassen.

4 Anschließend die Zahlen mit Zucker-Schrift auf die Cake Pops schreiben und die Konfettis oder Bäumchen mit einem Tropfen flüssiger Schokolade fixieren. Dafür geben Sie mit einem Schaschlikspieß oder Zahnstocher einen Klecks Schokolade auf den Cake Pop und drücken die Zuckerteile vorsichtig auf.

Tannenbäumchen

ZUM ANKNABBERN

Material

- Cake-Pop-Grundmasse
- Candy Melts in Grün
- Zucker-Kugeln in Weiß
- Zucker-Sternchen in Gelb
- Zucker-Schrift in Rot
- Schoko-Muffins
- Puderzucker
- Stiele

So geht's

1 Formen Sie aus einer kleinen Menge Cake-Pop-Grundmasse eine Kugel und modellieren Sie diese zu einem Kegel. Verfahren Sie mit der restlichen Grundmasse genauso. Diese für ca. 15 Min. in das Gefriergerät geben.

2 Schmelzen Sie währenddessen die Candy Melts.

3 Nun die Kegel aus dem Gefriergerät entnehmen, auf die Stiele stecken und in die flüssige Schokolade tauchen. Die Schokolade vor dem Verzieren fest werden lassen.

4 Die eine Hälfte der Tannenbäume mit einer Spirale aus roter Zucker-Schrift verzieren. Anschließend die Sternchen mit flüssiger Schokolade in den Zwischenräumen fixieren. Auf die andere Hälfte der Cake Pops mit Zucker-Schrift Tupfen aufbringen und die Zucker-Kugeln darauf setzen.

5 Zum Schluss bestäuben Sie die Schoko-Muffins mit Puderzucker und stecken die Bäumchen hinein.

Zartbitterkugeln

FÜR BITTERSÜSSE MOMENTE

Material

 Cake-Pop-Grundmasse

 Candy Melts in Dunkelbraun

 Zucker-Schrift in Weiß und Rot

 Stiele

So geht's

1 Formen Sie aus einer kleinen Menge Cake-Pop-Grundmasse eine Kugel. Verfahren Sie mit der restlichen Grundmasse genauso. Die Kugeln für ca. 15 Min. in das Gefriergerät geben.

2 Schmelzen Sie währenddessen die Candy Melts.

3 Nun die Kugeln aus dem Gefriergerät entnehmen, auf die Stiele stecken und in die flüssige Schokolade tauchen. Vor dem Verzieren die Schokolade fest werden lassen.

4 Anschließend die weiße Zucker-Schrift als Buchstaben oder die rote Zucker-Schrift als Tupfen auftragen und trocknen lassen.

tipp

Die Buchstaben-Pops eignen sich hervorragend als „Tischkärtchen".

Hot Chocolate

FÜR EISKALTE TAGE

Material

 Candy Melts in verschiedenen Farben (pro Tasse mit ca. 200 ml 30–40 g Schokolade, je nach Geschmack)

 Zucker-Herzen und -Kugeln

 Holz-Stiele

 Mini-Muffin-Förmchen (aus Silikon)

So geht's

1 Schmelzen Sie die Candy Melts in den gewünschten Farben. Füllen Sie die flüssige Schokolade in die Förmchen. Statt der bunten Schoko-Drops können Sie natürlich auch einfach Ihre Lieblingsschokolade verwenden!

2 Wenn die Oberfläche beginnt, fest zu werden – nach ca. 3 bis 5 Min. – stecken Sie die Stiele nur zu ca. drei Viertel der Höhe in die Schokolade, damit das Ende der Stiele nach dem Auslösen aus der Form nicht sichtbar ist.

3 Verzieren Sie die Oberfläche mit Zucker-Perlen oder -Herzen bzw. mit Tupfen oder Linien aus flüssiger weißer Schokolade. Nach dem vollständigen Erkalten die Schokolade am Stiel vorsichtig aus der Form lösen.

4 Falls Sie eine normale Muffin-Backform verwendet haben, tauchen Sie diese kurz in heißes Wasser, damit sich die Schokolade besser aus der Form löst. Die Schokolade am Stiel in eine Tasse heißer Milch tauchen und schmelzen lassen.

tipp

Möchten Sie die Schokolade in verschiedenen Farbschichten in die Förmchen gießen, lassen Sie die einzelnen Schichten jeweils ca. 1 bis 1,5 Minuten erkalten, bevor Sie vorsichtig die nächste Schicht einfüllen. Damit verhindern Sie ein Vermischen der Farben.

tipp

Zuckermasse:
Geben Sie 250 g Puder-
zucker in eine Schüssel und
rühren Sie nach und nach 40 bis
50 ml Wasser ein, bis eine zähe,
spritzfähige Grundmasse entsteht.
Füllen Sie diese in eine Spritztüte mit
Lochtülle und bringen Sie die Verzierungen auf. Alternativ können Sie
auch eine kleine Gefriertüte
benutzen, von der Sie eine
Ecke abschneiden.

Nikolausmützen

ZUCKERHUT MAL ANDERS

Material

Nikolausmützen

- Cake-Pop-Grundmasse
- Candy Melts in Rot
- Dekorglasur in Weiß oder Zuckermasse
- Stiele

Nikolaus

- Cake-Pop-Grundmasse
- Candy Melts in Hautfarbe
- Dekorglasur in Weiß oder Zuckermasse
- Zucker-Augen
- Marzipan in Rot
- Stiel

So geht's

Nikolausmützen

1 Formen Sie aus der Cake-Pop-Grundmasse Kugeln und modellieren Sie diese anschließend zu Kegeln, deren Spitzen Sie etwas zur Seite biegen. Diese für ca. 15 Min. in das Gefriergerät geben.

2 Schmelzen Sie währenddessen die roten Candy Melts.

3 Die Kegel aus dem Gefriergerät entnehmen, auf Stiele stecken und in die rote Schokolade tauchen. Die Schokolade vor dem Verzieren fest werden lassen.

4 Füllen Sie die Dekorglasur bzw. Zuckermasse in einen Spritzbeutel mit Lochtülle. Die Mützenkrempe und den Bommel aufspritzen, zum Schluss gut trocknen lassen.

Nikolaus

1 Formen Sie aus der Cake-Pop-Grundmasse eine Kugel und geben Sie diese für ca. 15 Min. in das Gefriergerät. Die hautfarbenen Candy Melts schmelzen.

2 Nun die Kugel aus dem Gefriergerät entnehmen, auf den Stiel stecken und in die flüssige Schokolade tauchen. Die Schokolade fest werden lassen.

3 Anschließend aus rotem Marzipan für die Nase eine kleine Kugel und für die Mütze einen Kegel (wie links beschrieben) formen. Die Mütze auf den Kopf setzen und vorsichtig andrücken. Die Augen mit je einem Tropfen flüssiger Schokolade fixieren.

4 Füllen Sie die Dekorglasur bzw. Zuckermasse in einen Spritzbeutel mit Lochtülle und spritzen Sie sie als Mützenkrempe, Bommel und Bart auf. Anschließend die Marzipan-Nase zwischen Bart und Augen mit einem Tropfen flüssiger Schokolade befestigen.

Lebkuchenzeit

JEDES PLÄTZCHEN EIN EINZELSTÜCK

Material

- Teig für Plätzchen am Stiel
- Candy Melts in Hellbraun, Dunkelbraun und einen Rest in Weiß
- Knusperkringel in Rosa, Zucker-Herzen in Rot und Zucker-Perlen in Weiß
- Holz-Stiele
- Zahnstocher oder Schaschlikspieß
- Backpapier
- Backblech
- Backpinsel
- Ausstecher in Herz-Form, ø ca. 5 cm

tipp

Sie sollten die Plätzchen nicht vom Blech nehmen, bevor sie vollständig ausgekühlt sind, weil sonst die Gefahr besteht, dass sich die Stiele aus den Plätzchen lösen.

So geht's

1 Rollen Sie den Teig ca. 1,5 cm dick aus. Stechen Sie aus der einen Hälfte der Teigplatte die Herzen aus. Aus der anderen Hälfte der Teigplatte schneiden Sie Rechtecke (ca. 4 cm x 5,5 cm) zu. Formen Sie die Ecken der Lebkuchen etwas rund und legen Sie sie auf das mit Backpapier ausgelegte Blech.

2 Schieben Sie vorsichtig einen Stiel waagrecht an der kurzen Seite ca. bis zur Hälfte in das Rechteck. Verfahren Sie mit den Herzen genauso. Achten Sie dabei darauf, dass die Stiele ausreichend Abstand zum nächsten Plätzchen haben. Ca. 10–15 Min. bei 150 Grad (Umluft) backen, bis die Kekse goldbraun sind.

3 Nehmen Sie das Blech aus dem Ofen und lassen Sie die Plätzchen darauf auskühlen. In der Zwischenzeit schmelzen Sie die Candy Melts.

4 Bestreichen Sie die Rechtecke dann mit dunkler und die Herzen mit heller Schokolade. Verzieren Sie alle Lebkuchen am Stiel mit Knusper-Kringeln und Zucker-Herzen oder -Perlen, solange die Schokolade noch flüssig ist.

5 Nach dem Aushärten der Schokolade die rechteckigen Plätzchen gemäß Foto mit weißer Schokolade verzieren. Dafür einen Kleks flüssige Schokolade auf den Lebkuchen setzen und mithilfe eines Zahnstochers o. Ä. zur Mitte hin verziehen, sodass eine Mandelform entsteht.

Ilex-Pops

FAST ZU SCHÖN ZUM ESSEN

Material

-  Cake-Pop-Grundmasse
-  Candy Melts in Weiß und Braun
- Zucker-Streusel Ilex (rote Kugeln und grüne Blätter)
-  Stiele
- Pinsel

So geht's

1 Formen Sie aus einer kleinen Menge Cake-Pop-Grundmasse eine Kugel. Verfahren Sie mit der restlichen Grundmasse genauso. Die Kugeln für ca. 15 Min. in das Gefriergerät geben.

2 Schmelzen Sie währenddessen die Candy Melts.

3 Nun die Kugeln aus dem Gefriergerät entnehmen, auf die Stiele stecken und in die flüssige braune Schokolade tauchen. Die Schokolade vor dem Verzieren fest werden lassen.

4 Anschließend einen Klecks flüssige weiße Schokolade auf die Cake Pops geben und mit dem Pinsel in die gewünschte Form ziehen. Die Ilex-Verzierungen vorsichtig in der noch flüssigen Schokolade platzieren.

Weihnachtszauber

MIT SÜSSER ÜBERRASCHUNG

Material

- Cake-Pop-Grundmasse
- Speisefarbe in Pink
- Candy Melts in Weiß und Lila
- Zucker-Streusel in Lila
- Zucker-Schrift in Weiß
- Stiele

So geht's

1 Färben Sie die Cake-Pop-Grundmasse mit Speisefarbe pink ein. Formen Sie dann aus einer kleinen Menge eine Kugel. Verfahren Sie mit der restlichen Grundmasse genauso. Die Kugeln für ca. 15 Min. in das Gefriergerät geben.

2 Schmelzen Sie währenddessen die weißen und lilafarbenen Candy Melts.

3 Nun die Kugeln aus dem Gefriergerät entnehmen, auf die Stiele stecken und in die flüssige Schokolade tauchen. Die weißen Cake Pops mit lilafarbenen Zuckerstreuseln bestreuen, solange die Schokolade noch weich ist. Bei den lilafarbenen Cake Pops die Schokolade vor dem Verzieren fest werden lassen.

4 Anschließend die weiße Zucker-Schrift als Punkte, Sternchen oder Linie auftragen und trocknen lassen.

tipp

Farbeffekt:
Für einen besonderen Effekt können Sie die Grundmasse mit Lebensmittelfarbe einfärben. Nehmen Sie hierfür einen hellen Kuchen, eine helle Buttercreme und ein paar Tropfen Lebensmittelfarbe in der gewünschten Farbe und verrühren Sie alle Zutaten gut miteinander.

Goldregen
FUNKELT UND GLITZERT

Material

- 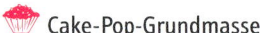 Cake-Pop-Grundmasse
- Candy Melts in Weiß und Dunkelbraun
- Zucker-Streusel und Zucker-Schrift in Gold
- Stiele

So geht's

1 Formen Sie aus einer kleinen Menge Cake-Pop-Grundmasse eine Kugel. Verfahren Sie mit der restlichen Grundmasse genauso. Die Kugeln für ca. 15 Min. in das Gefriergerät geben.

2 Schmelzen Sie währenddessen die weißen und dunkelbraunen Candy Melts.

3 Nun die Kugeln aus dem Gefriergerät entnehmen, auf die Stiele stecken und in die flüssige Schokolade tauchen. Die dunkelbraunen Cake Pops mit goldfarbenen Zuckerstreuseln bestreuen, solange die Schokolade noch weich ist. Bei den weißen Cake Pops die Schokolade vor dem Verzieren fest werden lassen.

4 Anschließend die goldene Zucker-Schrift als Schnörkel, Punkte oder Krönchen auftragen und trocknen lassen.

Himmelsboten

ZUM VERLIEBEN

Material

- Cake-Pop-Grundmasse
- Candy Melts in Hautfarbe
- Marzipan
- Lebensmittelfarbe in Gelb
- Baisers in Weiß, ø ca. 3 cm
- Zucker-Augen
- Zucker-Kugeln in Rosa (Nase)
- Zucker-Sterne in Orange
- Zucker-Schrift in Rot und Gold
- Oblaten, ø 7 cm
- Stiele
- Schaschlikspieß
- Knoblauchpresse
- Messer
- Schere

So geht's

1 Formen Sie aus einer kleinen Menge Cake-Pop-Grundmasse eine Kugel. Verfahren Sie mit der restlichen Grundmasse genauso. Die Kugeln für ca. 15 Min. in das Gefriergerät geben.

2 Währenddessen schmelzen Sie die Candy Melts, schneiden die Flügel aus den Oblaten gemäß Vorlage zu und bohren vorsichtig mithilfe eines Schaschlikspießes ein Loch für den Stiel in die Baisers. Färben Sie außerdem etwas Marzipan mit der Speisefarbe gelb ein.

3 Die Kugeln aus dem Gefriergerät entnehmen, auf Stiele stecken und in die flüssige Schokolade tauchen. Die Schokolade etwas abkühlen lassen (sie soll aber noch nicht fest sein) und den Baiser als Bauch vorsichtig von unten gegen den Kopf schieben. Vor dem Verzieren die Schokolade fest werden lassen.

4 Fixieren Sie jeweils mit einem Tropfen flüssiger Schokolade die Zucker-Augen und die Zucker-Kugeln als Nase. Das gelbe Marzipan durch die Knoblauchpresse drücken, mit einem Messer abschneiden und als Haare auf die Köpfe legen. Die Zucker-Sternchen durch vorsichtiges Andrücken auf den Haaren fixieren.

5 Den Mund mit roter Zucker-Schrift und die Verzierungen auf dem Baiser-Bauch mit goldener Zucker-Schrift aufbringen. Fixieren Sie die Flügel mit einem Tropfen flüssiger Schokolade am Rücken des Engels. Dafür den Baiser eventuell vorsichtig mit einem Messer etwas glätten.

Weihnachtssterne

WEISST DU, WIE VIEL STERNLEIN STEHEN?

Material

 Teig für Plätzchen am Stiel

 Candy Melts in Gelb

 Schokoladentransferfolie mit pinkfarbenen Sternen

 Holz-Stiele

 Backblech

 Backpapier

 Backpinsel

Ausstecher in Stern-Form, ø ca. 5 cm

So geht's

1 Rollen Sie den Teig ca. 1,5 cm dick aus. Anschließend stechen Sie die Sterne aus. Legen Sie einen Stern auf das mit Backpapier ausgelegte Blech und schieben Sie vorsichtig einen Stiel waagerecht zwischen zwei Zacken ca. bis zur Hälfte in den Stern. Verfahren Sie mit den restlichen Sternen genauso. Achten Sie dabei darauf, dass die Stiele ausreichend Abstand zum nächsten Plätzchen haben.

2 Ca. 10 bis 15 Min. bei 150 Grad (Umluft) backen, bis die Plätzchen goldbraun sind. Nehmen Sie das Blech aus dem Ofen und lassen Sie die Plätzchen darauf auskühlen.

3 In der Zwischenzeit schmelzen Sie die Candy Melts und schneiden aus der Schokoladentransferfolie so viele Rechtecke (ca. 6 cm x 6 cm) zu, wie Sie Plätzchen haben. Bestreichen Sie einen Stern mit der flüssigen Schokolade und platzieren die Transferfolie darauf. Lassen Sie die Schokolade aushärten und ziehen Sie anschließend die Folie vorsichtig ab.

tipp

Achten Sie darauf, dass beim Auflegen der Transferfolie unter dem Muster keine Luftblasen entstehen.

Rentiere

LUSTIGE HERDE AUS DEM NORDEN

Material

-  Teig für Plätzchen am Stiel
- Candy Melts in Rot
- Zucker-Augen
- Holz-Stiele
- Backblech
- Backpapier
- Backpinsel
- Ausstecher in Elch-Form, ø ca. 5 cm

So geht's

1 Rollen Sie den Teig ca. 1,5 cm dick aus. Anschließend stechen Sie die Elche aus. Legen Sie einen Elch auf das mit Backpapier ausgelegte Blech und schieben Sie vorsichtig einen Stiel waagrecht am Bauch ca. bis zur Hälfte in den Elch. Verfahren Sie mit den restlichen Elchen genauso. Achten Sie dabei darauf, dass die Stiele ausreichend Abstand zum nächsten Plätzchen haben.

2 10 bis 15 Minuten bei 150 Grad (Umluft) backen, bis die Plätzchen goldbraun sind. Nehmen Sie das Blech aus dem Ofen und lassen Sie die Kekse darauf auskühlen. Sie sollten die Elche nicht vom Blech nehmen, bevor sie vollständig ausgekühlt sind, weil sonst die Gefahr besteht, dass sich die Stiele aus den Plätzchen lösen.

3 In der Zwischenzeit schmelzen Sie die Candy Melts. Bestreichen Sie die Elche und platzieren jeweils ein Auge in der noch flüssigen Schokolade.

Pinguine

TIERISCH LECKER

Material

- Cake-Pop-Grundmasse
- Candy Melts in Weiß
- Marzipan
- Lebensmittelfarbe in Schwarz (auf Ölbasis)
- flüssige Lebensmittelfarbe in Orange
- Zucker-Augen
- Stiele
- Pinsel

So geht's

1 Formen Sie aus einer kleinen Menge Cake-Pop-Grundmasse eine Kugel und modellieren Sie diese zu einer Birne. Verfahren Sie mit der restlichen Grundmasse genauso. Die Pinguine für ca. 15 Min. in das Gefriergerät geben.

2 Währenddessen schmelzen Sie die weißen Candy Melts. Behalten Sie dann einen kleinen Teil der flüssigen weißen Schokolade für die Pinguin-Bäuche zurück und färben Sie den Rest mit der schwarzen Lebensmittelfarbe ein. Färben Sie das Marzipan orange ein und formen Sie es für die Nasen zu kleinen Kegeln.

3 Die Pinguine aus dem Gefriergerät entnehmen, auf die Stiele stecken und in die flüssige Schokolade tauchen. Vor dem Verzieren die Schokolade fest werden lassen.

4 Anschließend fixieren Sie die Augen und die Nase jeweils mit einem Tropfen flüssiger Schokolade. Bemalen Sie zum Schluss den Bauch des Pinguins mit dem Rest weißer Schokolade.

tipp Beim Färben von Schokolade sollten Sie ausschließlich flüssige Speisefarbe auf Ölbasis verwenden (siehe Grundanleitung).

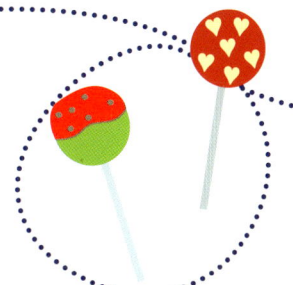

Schneebälle

ZUM VERNASCHEN

Material

- Cake-Pop-Grundmasse
- Candy Melts in Weiß und Hellblau
- Kokosraspeln
- Spritzbeutel mit feiner Lochtülle
- Stiele

So geht's

1 Formen Sie aus einer kleinen Menge Cake-Pop-Grundmasse eine Kugel. Verfahren Sie mit der restlichen Grundmasse genauso. Die Kugeln für ca. 15 Min. in das Gefriergerät geben.

2 Schmelzen Sie währenddessen die Candy Melts.

3 Nun die Kugeln aus dem Gefriergerät entnehmen, auf die Stiele stecken und in die flüssige Schokolade tauchen. Einen Teil der weißen Cake Pops mit Schneeflocken verzieren. Dafür ein wenig flüssige, hellblaue Schokolade in einen Spritzbeutel mit einer feinen Lochtülle füllen und die Schneeflocken aufspritzen. Achten Sie dabei darauf, dass die Schokolade nicht zu heiß sein darf.

4 Die restlichen weißen und die hellblauen Cake Pops mit Kokosraspeln bestreuen, solange die Schokolade noch weich ist.

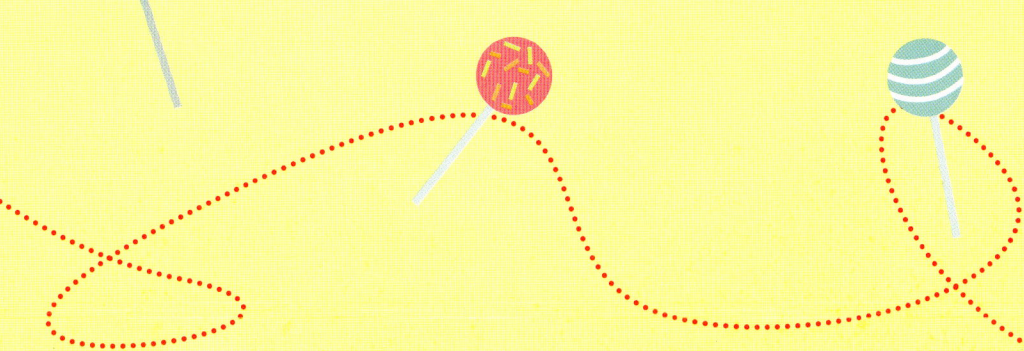

Party-Kracher

SPRÜHEN FUNKEN

Material

- Cake-Pop-Grundmasse
- Lebensmittelfarbe in Gelb und Blau
- Candy Melts in Gelb und Blau
- Zucker-Sternchen in Gelb
- Zucker-Konfetti in Blau
- Stiele
- Zahnstocher oder Schaschlikspieß

So geht's

1 Färben Sie je eine Hälfte der Cake-Pop-Grundmasse mit gelber und blauer Lebensmittelfarbe ein. Formen Sie aus einer kleinen Menge eine Kugel. Verfahren Sie mit der restlichen Grundmasse genauso. Die Kugeln für ca. 15 Min. in das Gefriergerät geben.

2 Schmelzen Sie währenddessen die Candy Melts.

3 Nun die Kugeln aus dem Gefriergerät entnehmen, auf die Stiele stecken und in die flüssige Schokolade tauchen. Dabei die Cake Pops aus gelber Grundmasse mit blauer Schokolade und die aus blauer Grundmasse mit gelber Schokolade überziehen. Die Schokolade vor dem Verzieren fest werden lassen.

4 Fixieren Sie mit einem Tropfen flüssiger Schokolade die blauen Konfetti bzw. tupfen Sie flüssige blaue Schokolade als Verzierung auf die gelben Cake Pops. Die blauen Cake Pops werden mit gelben Sternchen bzw. flüssiger gelber Schokolade verziert.

tipp

Für die Strahlen der Sterne können Sie die flüssige Schokolade mithilfe eines Zahnstochers o. Ä. in Form ziehen.

Heike Roland und **Stefanie Thomas** lernten sich 1996 durch ihr gemeinsames Hobby, das Bärenmachen, auf einer Künstler-Teddybären-Messe kennen. Irgendwann war das „Bärenfieber" abgeklungen, aber dafür sprudelten zahllose neue kreative Ideen. Seither wird viel gesägt, gebohrt, gemalt, geschnipselt, geklebt, gefilzt und genäht. Mitte 2004 erschien ihr erstes Buch im frechverlag. Seit einigen Jahren sind sie auch sehr erfolgreich in verschiedenen Bereichen als Designer tätig.

Danke

Ein herzliches Dankeschön an KDTorten, den Online-Shop für Backwaren und Backzubehör (Hamburg), für die freundliche Bereitstellung von Materialien: www.kdtorten.de

BLACK SHEEP COMPANY

www.black-sheep-company.de

KREATIV-HOTLINE

Hilfestellung zu allen Fragen, die Materialien und Bücher zu kreativen Hobbys betreffen:
Frau Erika Noll berät Sie. Rufen Sie an oder schreiben Sie eine E-Mail!

Telefon: 0 50 52 / 91 18 58*   **E-Mail: mail@kreativ-service.info**

*normale Telefongebühren

IMPRESSUM

PROJEKTMANAGEMENT: Doreen Schindler

LEKTORAT: Nadine Arnold

UMSCHLAG/LAYOUT: DSP® zeitgeist GmbH, Ettlingen

GESTALTUNG: WS – WerbeService Linke, Karlsruhe

FOTOS: frechverlag GmbH, 70499 Stuttgart; lichtpunkt, Michael Ruder, Stuttgart; Heike Roland und Stefanie Thomas (alle Schrittfotos)

DRUCK UND BINDUNG: Korotan, Slowenien

1. Auflage 2012

© 2012 **frechverlag** GmbH, 70499 Stuttgart

ISBN 978-3-7724-3997-1
Best.-Nr. 3997
Printed in Slovenia